CW00890760

MALGRÉ LES APPARENCES

Dorothée Gardien

HACHETTE

Ce recueil comprend trois nouvelles :

- ● Moitié-moitié
- ● L'assassin téléphone au lycée
- ● Faire sauter la banque

Couverture : maquette de G. Amalric - photo : Marc Béziat/
RUSH.

ISBN : 2 - 01 - 011801 - 4.
© HACHETTE 1986 79, boulevard Saint-Germain - F 75006
PARIS

Moitié - moitié

Xavier Lendormi éteignit soudain. Une sorte de pressentiment [1]. Le sixième sens des grands fauves habitués au danger. Un simple murmure, à peine un frôlement, avait suffi. Il avait été aussitôt en alerte. Il bondit hors de son fauteuil. Il venait de quitter sa place quand la première balle siffla, avec le miaulement assourdi caractéristique des armes à silencieux. La fenêtre vola en éclats et le vase de Chine auquel Xavier tenait comme à sa vie fut pulvérisé.

La situation était grave. Il était seul dans

---

1. **Avoir un pressentiment** : prévoir que quelque chose va arriver.

l'appartement. Il y avait gros à parier que toutes les issues étaient dès maintenant contrôlées. Ils ne prennent jamais de risques. Pas question de les sous-estimer et de tomber dans le panneau [1]. Il fallait faire vite car ils n'allaient pas rester sur l'échec imprévisible de leur tir à pipes. A moins qu'ils n'aient une confiance absolue dans leur dispositif, et n'attendent avec patience, tout simplement, la sortie du loup poussé par la faim, et le désir.

Avant tout, prévenir Maroussia. Xavier rampa vers le téléphone posé à même le tapis. Rien. Pas de tonalité. Ils ont déjà pensé à couper les fils. De vrais professionnels. Lendormi sourit dans l'ombre. C'étaient quand même de drôles de durs, et, d'une certaine façon, il ressentait comme un honneur d'être poursuivi par eux. Attention, se dit-il. Pas le moment de s'attendrir. Pour la philosophie, on attendrait de relire les vieux livres au calme, plus tard.

Un craquement dans la cage de l'ascenseur. Une strie dans le silence. Cette fois il faut fuir. Heureusement, l'appartement était aussi celui d'un professionnel. Tout en réfléchissant, Lendormi avait récupéré son blouson. Marilyn, sans un mot, s'était rapprochée, prête au départ. C'était une chatte minuscule, de gouttière, que

1. **Tomber dans le panneau** (*familier*) : tomber dans un piège.

Xavier avait trouvée mourante, un jour, sur son paillasson. Il l'avait recueillie, soignée, elle s'était attachée à lui et partageait sa vie depuis longtemps.

Il la mit dans la poche de son blouson et entama l'escalade de la cheminée. Sept étages à grimper. Le dispositif de sécurité était fait de simples barreaux scellés dans le mur. Sept par étage. Tout de suite il atteignit le toit de l'immeuble. Cette feinte-là[1], ils ne la connaissaient pas. C'était la première fois qu'il leur faisait le coup. L'air nocturne de Paris l'été avait son parfum habituel, à nul autre pareil. Courbé en deux, Xavier Lendormi se mit à fuir sur la terrasse. Il y avait à peine cinq minutes que le premier coup de feu avait été tiré.

Le soulagement fut de courte durée. Un sifflement bref et discret lui apprit qu'il venait d'être repéré par un guetteur. Embêtant. Très embêtant. Tu sais, Marylin, l'affaire se gâte vraiment. Je ne vois pas comment nous allons nous en tirer. Dans très peu de temps, les tireurs vont arriver, appelés par les guetteurs. Il faut faire vite.

Lendormi se couche brusquement, roule sur lui-même derrière une cheminée. Il est masqué

---

1. **Cette feinte-là** : cette ruse qui consiste à avoir installé une sorte d'échelle dans la cheminée afin de pouvoir s'échapper.

pendant quelques secondes à la vue de ses poursuivants. Il soulève la trappe d'un galetas, se précipite à l'intérieur, referme et commence à descendre un escalier obscur. Du calme. Le danger immédiat est passé. Il n'empêche que cela ressemble à un piège à rats. Je dois attendre ici jusqu'à ce que le jour se lève. Encore cinq heures au moins.

Impossible. Jouer le tout pour le tout. C'est la seule solution mais Xavier n'aime pas ça. Les risques inutiles et le panache, on les trouve seulement dans les romans. Calculer prudemment le plus infime détail, telle est la seule conduite juste. La vie n'est pas une simple partie de dés.

Immobile sur son escalier sans lumière, Lendormi entend l'ascenseur monter. Il reconnaît, au passage, des voix féminines, jeunes, qui plaisantent et rient. Il regrimpe l'escalier en courant, deux étages, et débouche sur le palier quand l'ascenseur s'arrête. Il ouvre civilement la porte, mais ce n'est pas par bonté d'âme. Il n'a pas d'autre moyen de garder l'initiative. Le pistolet, dans son poing, montre qu'il n'a aucune intention de la perdre.

Elles sont deux, très brunes l'une et l'autre, et mignonnes à croquer. Elles jacassent et ont un hoquet de saisissement lorsqu'elles aperçoivent Xavier. Il est couvert de suie. Le canon du revolver les ramène docilement au silence. Lendormi les sort sans ménagement de l'ascenseur. Elles sont fascinées, le regardent, bouche bée.

Il y a deux appartements sur le palier.

« Vos clefs, vite. »

La plus petite obéit aussitôt.

« Vous habitez lequel des deux appartements ? »

Il ne fait que murmurer, mais elles comprennent immédiatement qu'il n'est pas question de plaisanter. Elles restent calmes.

« Celui de droite.

— Il y a quelqu'un dedans ?

— Non.

— Vous attendez quelqu'un ?

— Non. »

Bien. Il relève son revolver. Ne pas les croire sur parole. Il leur demande d'ouvrir la porte, entre derrière elles, referme au verrou. La situation a déjà meilleure mine.

L'appartement est minuscule. Surtout, il faut allumer immédiatement l'électricité. Sinon les guetteurs, qui viennent de voir monter des gens dans l'ascenseur, vont trouver bizarre qu'aucune lumière nouvelle n'apparaisse. Ils y ont certainement pensé.

« Allumez et fermez tout de suite les volets de fer. N'oubliez pas que je suis armé et que je n'ai peur de rien. »

Elles obtempèrent [1] gentiment et Marilyn commence à ronronner. Lendormi· la sort du blouson, et les deux petites se détendent. La chatte, habituée au succès, se glisse aussitôt dans la cuisine où subsiste en effet un reste de poisson.

Si Marilyn a confiance, c'est que le danger s'est véritablement éloigné. Maintenant ils ne peuvent plus rien entreprendre. A moins de visiter les appartements un par un. Trop gros risque pour eux. Il s'agit cependant de rester vigilant jusqu'au matin, et de trouver une autre planque [2] pour la suite. Prévenir Maroussia sans délai.

Les petites le regardent avec des yeux ronds. Elles ont sûrement moins de vingt-cinq ans. Jupes courtes, pas de maquillage, cheveux longs. Visiblement elles n'ont pas vraiment peur. Interloquées sans doute, intéressées peut-être, en tout cas plutôt tranquilles.

« Je suis poursuivi, mais je ne vous ferai rien, si vous êtes sages.

— Dommage », dit la plus grande en pouffant.

Là, ça lui coupe le sifflet [3], à Xavier Lendormi.

---

1. **Obtempèrent :** obéissent.

2. **Planque :** cachette.

3. **Couper le sifflet :** mettre quelqu'un dans une situation telle qu'il ne peut répondre, qu'il reste sans voix.

Il a un peu de mal à rester branché. Les jeunes lui apparaissent de plus en plus étranges. Il n'a pourtant pas encore trente-cinq ans.

Elle ne manque pas d'air, la gamine. Elle en fait peut-être un peu trop. Il faut la calmer avant qu'elle ne se croie tout permis. Sans préparer son mouvement, il lui donne une paire de gifles, aller-retour, sèches, qui l'envoient au tapis. Marilyn s'arrête et ne dit rien.

« Que voulez-vous prouver ? demande la fille en se relevant. Je n'ai pas mérité cela, et vous vous trompez sur notre compte. »

Bon. Elle a raison, d'un certain point de vue. Il vaut mieux ne pas s'exciter. Qu'elles ne croient pas non plus au père Noël, cependant. Mettre les choses au point. C'est fait.

« J'ai faim, dit-il. Vous y pouvez quelque chose ?

— Des œufs, ça ira ? Et de la bière.

— Le paradis. Une omelette. »

Elle sourient toutes deux timidement.

« On peut aussi vous faire un hamburger, bien entendu.

— Pourquoi, bien entendu ? »

Elles se regardent, étouffant leur envie de rire. Il a l'impression de perdre pied.

« Vous n'avez pas l'air très moderne, dit la plus petite. Vous savez que Louis XIV est mort ? »

Elles commencent à lui casser sérieusement
les pieds. Il repointe son revolver.

« Vous, là, qui êtes au courant de la mort
de Louis XIV, allez dans la cuisine. Vous avez
cinq minutes pour fabriquer une omelette
mangeable et me l'apporter. C'est le travail des
femmes, chez moi. Elles se taisent et servent
les hommes.

— C'est bien ce que je disais, répond-elle
calmement en s'éloignant. Vous n'êtes pas
vraiment moderne, moderne. »

L'omelette arrive presque aussitôt. Xavier
l'avale, ordonne aux deux petites de s'asseoir
sur le canapé, prend lui-même place sur l'unique
fauteuil, pose sa bière près de lui sans lâcher
son revolver. Il y a très peu de bruit dans
l'immeuble.

Marilyn sort de la cuisine en se pourléchant.
Elle va sans hésitation se blottir entre les deux
filles. Elle regarde Xavier et cligne des yeux.
L'affaire est entendue : si la chatte a choisi le
calme, c'est que la situation le permet. Lendormi
sourit pour la première fois aux deux mignonnes
et s'aperçoit avec stupéfaction qu'il a pénétré
dans cet appartement depuis moins d'un quart
d'heure.

Il s'apprêtait à ranger son revolver quand le
téléphone a sonné. Deux heures vingt du matin.
Bizarre. Xavier est immédiatement en alerte.

« Décrochez. »

Après quelques instants de silence entrecoupés de grognements indistincts, la fille se met à aboyer dans l'appareil, en gesticulant.

« Et c'est pour ça que vous me réveillez en pleine nuit ! Où vous croyez-vous ? Vous êtes un butor, un maniaque, un énergumène. A cette heure-là, je roupille[1], moi, Monsieur, comme tout le monde ici. Fichez-nous la paix, avec votre histoire à dormir debout. Si vous avez des démangeaisons, allez courir un peu au bois de Boulogne. »

Et elle raccroche.

« Vous n'auriez pas une cigarette ? »

Il lui offre des gitanes internationales. Ils fument tous les trois pendant quelques instants. Xavier se préparait à poser une question : inutile.

« C'était à votre sujet. Un type qui voulait savoir si vous n'aviez pas pénétré de force ici, sous la menace d'un revolver.
— Qu'a-t-il dit exactement ?
— Que vous étiez dangereux.
— Vous le croyez ?
— Non. »

Pas d'autres commentaires. Lendormi en est

---

1. **Je roupille** *(familier)* : je dors.

légèrement décontenancé. Ils finissent leur cigarette en silence.

« Maintenant il faut éteindre, ils ont sans doute deviné que j'étais ici.

— Vous prenez un risque, dit la plus petite.

— Lequel ?

— Dans le noir, vous aurez du mal à nous surveiller. Votre arme ne servira plus à grand-chose. Et vous serez à notre merci.

— Essayez toujours. »

Elles recommencent à pouffer. Il a de nouveau envie de leur apprendre à vivre. Il fait un effort pour se retenir. C'est lui qui éteint la lumière.

Il laisse passer une petite heure, essaie d'obtenir le numéro de Maroussia selon leur code habituel. Tout marche bien. Elle est donc désormais informée de sa situation et va immédiatement agir en conséquence. Les deux filles ont depuis longtemps quitté la pièce et doivent dormir. Il n'éprouve aucune inquiétude à leur sujet.

Il s'est à son tour assis sur le canapé, fumant presque sans interruption. Dès qu'il a commencé sa veille, Marilyn est venue le rejoindre, comme d'habitude. Elle sait qu'il faut toujours se tenir prêt à partir. Xavier a simplement décidé d'attendre le jour. A l'aube, l'adversaire se retirera, jusqu'à la nuit prochaine. Mais, à ce moment-là, il sera loin. Pour le dire franchement, Lendormi en a maintenant plein le dos.

Tôt le matin, les filles lui firent un café fort. Toasts, confiture. Il se rasa dans la cuisine. Quand les rues commencèrent à se remplir de gens partant au travail, il décida de quitter les lieux. Il ne risquait plus rien, pour l'instant.

« Je vous téléphonerai, un de ces jours. En attendant, tenez vos langues.

— Tu parles ! Peu importe. »

Il marcha d'abord le long du boulevard, au milieu de la foule, s'arrêta devant quelques vitrines pour repérer si on le suivait. Apparemment non. Il s'engouffra dans le métro. Pas question de rentrer dans son appartement, bien entendu. Maroussia s'en occuperait dans quelques jours. Ils avaient rendez-vous dans un bistro du boulevard Saint-Michel.

Maroussia n'était pas là. Bizarre. Elle était rarement en retard. Il commanda un café au comptoir et commençait à s'inquiéter.

« On demande M. Jean Dupont au téléphone. »

La voix de stentor du patron dominait le brouhaha du bistro.

« J'y vais », dit Xavier.

C'est sous ce nom qu'ils communiquaient, avec Maroussia, quand il fallait passer inaperçu. Il descendit vers la cabine, au sous-sol. C'était effectivement Maroussia. Elle parlait vite.

« Rendez-vous à midi, au café du boulevard Montparnasse. »

Elle avait déjà raccroché, sans explication. Il y avait eu un contretemps. Elle était en difficulté : elle n'avait même pas eu le temps de l'informer. Bref, quelques heures à tuer avant de pouvoir tirer l'affaire au clair. « Le » café du boulevard Montparnasse, c'était une brasserie où ils n'allaient qu'en cas de coup dur. Le patron était un de leurs copains depuis longtemps. Ils le voyaient rarement, maintenant que Xavier vivait le plus souvent hors de France. Mais c'était un lieu sûr. Si Maroussia avait choisi cette solution, cela signifiait qu'elle se trouvait vraiment dans la panade [1]. Où ?

Elle arriva un peu après midi, toute pâle, les traits tirés. Xavier ne dit rien. Elle s'assit, but le café qu'il s'était fait servir.

« Ils ont dynamité mon appartement.

— Merde. Cette nuit ?

— Tu n'as pas écouté la radio ? On ne parle que de ça. Ils ont tout détruit. Volatilisé. Il ne reste rien, tu m'entends, rien. Nada.

— Je ne vois pas pourquoi.

— Mais pour me tuer, mon vieux, qu'est-ce

---

1. **Elle se trouvait dans la panade** (*familier*) : elle avait des ennuis sérieux.

que tu crois ? En espérant sans doute que tu serais toi aussi sur place.

— Si tu étais morte, ça les avancerait à quoi ? C'est moi qui garde toujours l'objet, depuis le début.

— Voilà justement la seule chose qu'ils ne savent pas, qu'ils ne parviennent pas à savoir, et qui les intéresse plus que tout.

— Les flics [1] sont venus ?

— Oui. Il n'y a pas eu de difficultés. »

Ils se turent ensemble. Marilyn sortit du blouson, monta sur la table du bistro, et vint frotter doucement sa tête contre celle de la jeune femme.

« Il faut faire vite. »

Maroussia tirait sur sa cigarette. En quelques minutes, elle avait repris le dessus.

« C'est-à-dire ?

— On loue une voiture, on part immédiatement, on prend le ferry et on passe en Angleterre. Ce soir tu prends l'avion pour Montréal. »

Xavier ne fit pas de commentaires. Elle avait raison. Les risques étaient devenus tels, maintenant, qu'il n'y avait plus d'alternative.

Pendant que le patron s'occupait de louer à son nom une automobile rapide, ils mangeaient

---

1. **Les flics** *(familier)* : les policiers.

16

un bifteck frites et une tarte aux pommes. Une demi-heure plus tard ils roulaient déjà sur l'autoroute du Nord. Maroussia commençait à se détendre. Xavier, à pleine vitesse, entra tout à coup sur une aire de stationnement où se trouvaient plusieurs poids lourds.

« Qu'est-ce qui te prend ? Je ne me ferai jamais à ta manière de conduire. »

Lendormi ne répondit pas, contourna la file des camions à l'arrêt et se gara derrière l'un d'eux. Coup de frein brusque. Ouverture brutale de la portière. Maroussia suit aussitôt sans poser de questions ni s'affoler. Xavier, invisible de la route, se cache derrière un semi-remorque, montre la voie qu'ils viennent de quitter.

« Regarde », dit-il simplement.

Il y a beaucoup de voitures, qui presque toutes roulent vite, mais Maroussia n'a aucune peine à reconnaître une Renault 25 turbo noire, qui fonce sur la file de gauche. Trois hommes à l'intérieur, qui ne tournent pas la tête.

« Incroyable, souffle-t-elle calmement. Je ne vois pas comment ils ont pu nous repérer en si peu de temps.

— Ils ont dû placer une voiture à l'entrée de chacune des quatre autoroutes majeures qui partent de Paris.

— Tu t'en doutais ?

— Non. J'avais simplement remarqué tout à

l'heure, au péage [1], une grosse bagnole [2] mal dissimulée, avec trois individus qui semblaient attendre à l'intérieur. Drôle d'endroit pour faire la sieste, non ? Ils ont démarré juste après notre passage.

— Et maintenant ?

— Maintenant rien. On continue. Il faut se rapprocher le plus possible d'une frontière. Nous aviserons le moment venu. »

Ils ont repris la route. Plus de trace des trois tueurs. Marilyn, comme d'habitude, s'est couchée sur le dossier du siège de Xavier, et fait semblant de dormir. Les kilomètres passent, sans encombre. La sortie de l'autoroute approche. Péage.

La file d'attente n'est pas longue.

« Prends le volant, dit Lendormi juste au moment de pénétrer dans le passage qui mène à la caisse. J'en ai marre. »

Maroussia ne demande rien. Ils changent de place. Elle paie. Xavier caresse Marilyn et la remet dans la poche de son blouson. Ils redémarrent.

A cet instant même, le pare-brise éclate en morceaux. Xavier a déjà entrouvert sa portière.

---

1. **Au péage :** lieu où l'on paie une taxe pour avoir le droit d'utiliser une autoroute. En France, les autoroutes sont à péage.
2. **Bagnole** (*familier*) : voiture.

« Fonce, dit-il simplement. Emmène-les jusqu'en Belgique. Ne prends pas de risques. On se retrouve à Montréal le plus tôt possible. »

Il saute en claquant la portière, s'abrite sous un auvent qui donne sur les bureaux des services administratifs de l'autoroute. Les conducteurs des deux voitures suivantes le regardent avec des yeux comme des soucoupes, mais sont bien obligés d'avancer : tous ceux qui sont derrière klaxonnent à tour de bras ; le cirque habituel.

Xavier Lendormi aperçoit encore la voiture de Maroussia qui rétrécit à l'horizon. Il ne bouge pas. La Renault, garée sur l'un des terre-pleins latéraux, démarre lentement et entame la poursuite.

« Cette fois, tu vois, Marilyn, je crois qu'on les a eus. Au moins pour un petit moment. Le temps se remet au beau, ma grande. »

Marilyn fait un petit miaulement d'approbation.

Trouver une voiture qui accepte de le prendre en stop pour rejoindre la mer du Nord, Xavier en a pour quelques minutes seulement. Le soir-même, il est en partance pour Montréal. L'avion était complet, mais il restait des places en première classe. Dès le décollage, Xavier se sent mieux.

« Champagne pour tout le monde, dit-il à

Marilyn qui a horreur des bulles. Nous sommes en train de sortir de l'enfer. »

Le voyage s'est passé sans incident. Atterrissage au début de la nuit. Arrivée à l'appartement un peu avant minuit. Douche, enfin.

Le téléphone sonne selon le signal habituel : Maroussia.

« Ils sont toujours à mes trousses. Je suis dans un hôtel d'Amsterdam. J'ai laissé la voiture à la frontière. Je rentre ou je reste ?

— Circule encore une journée, histoire de les dérouter. »

Demain, tout cela devrait être une affaire réglée. Une bonne nuit, un saut jusqu'à la maison paternelle, et ce sera terminé.

Le père est jovial, comme d'habitude.

« Les affaires ont été bonnes, mon fils ? »

Il ne soupçonne même pas les activités de Xavier. Il le croit chef d'une entreprise d'exportation. C'est un vieux Français, de Vendée, qui s'est installé au Canada il y a presque un demi-siècle, et y est resté parce qu'il s'y trouvait mieux qu'en France. Xavier, dans son plus jeune âge, a voulu, lui, revenir vivre au pays des aïeux. Il a renoncé au bout de quelques années, pour des raisons professionnelles. Mais il a bien l'intention, sur ses vieux jours, de finir son âge à Paris. Est-ce que les aventuriers ont une patrie ? Oui. Non.

« Excellentes. Tu sais, l'Europe se réorganise, veut redevenir jeune. Je peux te dire qu'on ne s'y ennuie pas.

— Personne ne redevient jeune. J'ai horreur des anciens qui veulent se faire passer pour des gamins.

— Tu détestes les vieux. *A priori.*

— Pas du tout. Je les trouve même beaucoup mieux que les jeunes. C'est justement pour ça que je leur reproche de vouloir paraître autres que ce qu'ils sont. »

Ils sont heureux de se retrouver, comme à chaque fois, et disent n'importe quoi. Marilyn est allée vérifier ce qui était en train de mijoter dans les casseroles du grand-père. Elle revient d'un air satisfait. Xavier oublie quelques instants son inquiétude perpétuelle.

« Tiens, dit le vieux, il y a un de tes copains de lycée qui est passé te voir ici, l'autre jour. Je lui ai donné ton adresse. »

Xavier Lendormi sursaute.

« Quand ?

— Avant-hier, il me semble.

— Tu lui as demandé son nom ?

— Il me l'a dit lui-même. Jacques Bonhomme. »

Inconnu au bataillon.

« Comment était-il ?

— Grand, brun, une allure de sportif. Pas un pouce de graisse. Souple et en bonne condition physique. Il est un peu comme toi, en somme. »

Vu. Ils sont venus jusqu'ici. C'est la première fois.

« Tu te souviens de lui ?

— Je ne crois pas. Tu sais, papa, le lycée, c'est loin. »

Le vieux sourit.

« Vingt ans, ce n'est rien. »

Xavier redevient soucieux.

« Vous avez discuté ?

— Bien sûr. Il a été très gentil. Il était assis là où tu es en ce moment, tiens. On a bu un verre et ... »

Xavier saute brutalement sur ses pieds.

« Il est entré ici ? »

Le vieux est interloqué, vaguement mécontent.

« Tu es fou. Qu'est-ce qui te prend ? Évidemment qu'il est entré. Je n'ai pas l'habitude de recevoir les gens à la porte. »

On se calme, on se calme, on se calme.

« Il est resté longtemps ?

— Oh ! une bonne heure. On a bavardé de choses et d'autres. Cela m'a changé les idées. Il m'a dit qu'il reviendrait.

— Ça m'étonnerait.

— Mais tu viens de me dire que tu ne voyais pas de qui il s'agissait. Tu me racontes n'importe quoi, mon fils. »

On se calme, on se calme, on se calme.

« Ne t'inquiète pas, papa, ce n'est rien. De quoi avez-vous parlé ?
— De tout. Des affaires surtout.
— Lesquelles ?
— Les siennes. Et aussi les tiennes, par la même occasion. Il travaille beaucoup à l'étranger lui aussi.
— Bon. »

Le père se tait, comprend qu'il se passe quelque chose d'anormal. Il quitte la pièce un instant, revient avec, sur le plat de sa main, un petit briquet en forme de cœur.

« Il m'a donné ça pour toi. C'est juste un gadget dont il fait cadeau à ses clients. Il est joli, non ? »

Xavier Lendormi est devenu livide. Il se rassied dans le fauteuil. Marilyn saute sur ses genoux parce qu'elle perçoit que tout va mal.

« Il m'a dit que tu comprendrais », murmure le vieux, qui devine désormais que quelque chose de grave s'est produit.

« Oui. C'est tout ?
— Oui. Il a juste emporté le morceau de briquet que tu avais laissé ici la semaine dernière. Tu t'en souviens ? Il va te le faire changer, réparer, et te le rapportera quand il reviendra, dans quelques jours.
— Bien sûr, j'avais compris. Tu as eu raison. »

Le vieux ne s'y fie pas, mais il se tait. Le fils n'a pas l'air content, mais, apparemment, il n'y a pas de quoi fouetter un chat [1].

Xavier s'est pris la tête dans les mains. Il semble réfléchir. Avoir mis l'Europe à feu et à sang, être passé vingt fois au ras de la mort, avoir tué, volé, incendié, s'être battu au couteau, au fusil, au revolver, pour en arriver là. C'est à mourir de rire ou de chagrin.

Il fouille dans l'une des poches intérieures de son blouson, en sort une petite capsule en forme de cœur, la pose sur sa main.

« Tu vois, papa, c'est dommage. J'ai retrouvé hier soir l'autre morceau du briquet. J'aurais pu le réparer moi-même, ce matin. »

Le père examine l'objet, et, joyeux, conclut :

« Il ressemble tout à fait à celui que t'a laissé ton copain.

— Bien sûr, mais le sien est en matière plastique, comme tu vois, alors que le mien est en argent. Dommage qu'il manque maintenant l'autre moitié.

— Il te la rapportera dans quelques jours.

— Oui, oui. »

Avoir eu tous les services d'espionnage, publics et privés, de l'Est et de l'Ouest, aux fesses pendant tant de jours pour récupérer

1. **Il n'y a pas ... un chat** *(familier)* : ce n'est pas grave.

cette capsule de briquet. Avoir pris tant de
risques, avoir mystifié tant d'adversaires !

Maintenant voilà. J'avais la première moitié
de l'arme la plus puissante du monde. Elle
n'avait l'air de rien. Je l'avais planquée là
comme un vieux morceau de briquet usé qu'il
faudrait réparer un jour. Mais c'était l'une des
deux moitiés du canon chimique le plus
destructeur qu'on ait jamais mis au point. Tous
les agents secrets de la planète couraient après.
C'est moi qui possédais cette moitié.

J'ai réussi à me procurer l'autre, à la leur
voler : sans la deuxième moitié, cette capsule
en forme de cœur, la première ne sert à rien,
et inversement. Mais ensemble elles donnent
la maîtrise du monde. J'ai la première, j'arrache
la deuxième à la barbe de tous, je suis mille
fois sur le point d'y laisser ma peau, et, quand
je touche enfin au but, voilà que ces salauds
ont récupéré le morceau que j'avais caché ici.
J'ai la deuxième moitié, cette fois, et eux la
première. Match nul, donc. On repart à zéro.
J'ai tout perdu. Une fois de plus.

Xavier va vers le téléphone, compose un
numéro.

« Allô, Maroussia ? Rendez-vous demain, à
Paris, même heure même endroit que d'habitude. » Il a raccroché, sourit.

« Viens, Marilyn, on y va. »

L'assassin téléphone au lycée

Je viens de terminer mes études. J'ai vingt-trois ans. L'existence commence. J'ai en poche le titre le plus prestigieux [1]. Je serai certainement un grand prof'. En attendant, j'ai été nommé dans une ville au bord de l'Atlantique, La Rupellina. Le lycée dans lequel je vais enseigner est l'un des plus réputés de l'endroit. A quoi vont ressembler mes élèves ? Je serai peut-être un prof' chahuté...

En quatre heures de train, j'ai le temps de rêver. La rentrée a lieu dans quelques jours. La vie d'étudiant, c'est fini... Pour me changer les idées, j'attaque un polar [2], le dernier roman de Karikal-et-Mahé.

Je l'ai lu d'un trait. A chaque fois, c'est une

1. **Le titre le plus prestigieux :** l'agrégation.
2. **Polar :** roman policier.

merveille. Une atmosphère lourde, inquiétante, des lettres anonymes, des emprisonnements, des haines. Il y a toujours des coups extrêmement compliqués, calculés dans le moindre détail. Quand je referme le livre, le train n'est plus qu'à une cinquantaine de kilomètres de La Rupellina.

Karikal-et-Mahé, ce sont vraiment les meilleurs auteurs de romans policiers. Travailler à deux, comme ils le font depuis des années, ça ne doit pas être facile !

Bon. On arrive. Ce soir, l'hôtel. Demain, je vais me présenter au proviseur et trouver un logement.

Il a l'air plutôt sympa, le proviseur. Il m'accueille bien. Il me raconte le lycée, la ville, m'interroge sur mes études, ma vie.

L'entretien se termine.

« Eh bien, cher monsieur, j'espère que vous vous habituerez ici. Ne vous découragez pas, ne vous laissez pas impressionner.

— Mais... par quoi ?

— Rien. Je disais ça comme ça. La Rupellina est une ville bizarre, vous savez, où tout n'est pas clair quand on vient de l'extérieur. »

Il me serre la main, prend congé. Je me sens mal à l'aise. Ses paroles me tournent dans la tête, comme si quelque chose me menaçait.

J'ai vite oublié tout cela. La ville est

magnifique. Les restaurants sont merveilleux.
Il y a des cinémas, des librairies, la mer, les
bateaux.

Je suis là depuis presque un mois et je suis
ravi. Je m'entends bien avec mes élèves, filles
et garçons de dix-huit ans. Pour l'instant, je
n'entretiens aucune relation avec les autres
professeurs. On verra plus tard.

A la fin des cours du matin, vers midi, je
corrige mes devoirs tranquillement, pendant
une heure, puis je vais déjeuner d'une omelette
au bistro d'en face.

Ce jeudi, comme je marche dans les couloirs
déserts du lycée, j'entends, derrière une porte
fermée, une voix forte qui parle par rafales. Il
n'y a jamais personne à cette heure-là,
d'habitude. Je suis surpris. Le type aussi doit
se croire seul car il ne fait aucun effort de
discrétion.

Et tout à coup, alors que je m'apprête à
ouvrir la porte qui donne sur l'extérieur, une
phrase me cloue au sol.

« Oui, mais maintenant, cela a assez duré.
Il faut que je la tue, et vite. »

Je ne bouge plus. Il est fou ! Qu'est-ce qui
se passe ? Je reviens sur mes pas, sans bruit.
Je comprends très vite qu'il s'agit d'une
conversation téléphonique. Ce que j'entends me
laisse stupéfait.

« Si je m'étais décidé plus tôt à la supprimer,
on n'aurait plus toutes ces difficultés.

— ...

— C'est quand même largement de ta faute.

— ...

— Cette fois, il n'y a pas d'autre solution.
Je la liquide vite fait. Tant pis.

— ...

— D'accord. Le seul problème, c'est de savoir
comment : est-ce que je l'étrangle, ou est-ce
que je l'empoisonne ?

— ...

— Oui. La pousser sous un train serait bien
aussi, mais c'est dangereux. Et puis, je ne sais
pas si j'y arriverais.

— ...

— Ah ! non. Pour ça, on a le temps. Savoir
ce qu'on fera du corps, ça ne presse pas. Il
faut d'abord la tuer. »

Je quitte le lycée sur la pointe des pieds. Le
patron du bistro me regarde d'un air étonné
lorsque je m'installe à ma table habituelle.

« L'omelette, bien baveuse, monsieur Bonhomme ? Avec un petit quart de rouge ?

— Merci bien », dis-je, l'esprit ailleurs.

Je mange sans quitter des yeux le lycée. Aux
alentours de deux heures, le bistro se vide. Le
patron vient s'asseoir à ma table pour bavarder.

Je n'ose pas lui dire que j'aimerais bien avoir la paix.

Personne n'est sorti du lycée. Je me demande si j'ai été le jouet d'une hallucination. Le patron fait apporter deux petits verres de cognac.

« A la santé de la maison ! »

Il éclate de rire, comme toujours.

« Vous êtes bien habitué, maintenant, ici ?

— Oui. La ville me plaît beaucoup.

— C'est une belle ville. Moi, j'y suis né, alors, vous pensez. Mais il ne faut pas se fier aux apparences. Il s'y passe aussi de drôles de trucs. »

Le proviseur m'avait dit la même chose le jour de mon arrivée. Qu'est-ce qu'ils ont tous ?

« La Rupellina me paraît bien calme.

— N'en croyez rien, monsieur Bonhomme. Vous venez de débarquer, mais vous verrez. Et au lycée, ça va ?

— Oui. Tout y est tranquille. »

Son œil brille comme s'il se moquait.

« Vous avez l'air d'en être surpris.

— Non, non. »

Il m'observe, le bistrotier, attendant que je lui pose des questions. Pas de veine pour lui, la porte du lycée s'ouvre à ce moment-là et un homme en sort en mettant son chapeau.

« Tiens, dis-je d'un ton que je veux décontracté, un de mes collègues. C'est rare à cette heure. »
Le patron se retourne pour voir.
« Ah, c'est M. Michelet. Vous ne le connaissez pas ?
— Pas personnellement, mais je sais que c'est un professeur d'histoire. »

M. Michelet est un homme mince et grand, la cinquantaine. Il marche lentement en se tenant très droit. Il a l'air inoffensif, banal.

Pourtant ce ne peut être que lui. Il n'y avait personne d'autre dans l'établissement. Je me décide brusquement à le suivre. Je paie mon repas et je sors.

Je sais quelle est la meilleure façon de filer quelqu'un : il faut le précéder. On trouve cela dans tous les romans policiers.

Je ne marche pas sur le même trottoir que le professeur Michelet. Je prends l'allure du flâneur qui lèche les vitrines. En réalité, je ne perds pas mon gibier de vue une seconde. Je le laisse parfois me dépasser.

Le premier indice a bien failli m'échapper malgré toute ma vigilance. Pendant que je faisais semblant de regarder une devanture, Michelet a croisé une jeune femme. Ils ont échangé quelque chose, je l'ai vu. Je ne sais pas si je la reconnaîtrais. Brune, petite, elle

porte un manteau rouge. Il y a plus grave,
Michelet m'a repéré. Il a cependant continué
à marcher, et moi, j'ai continué à l'observer
discrètement. Il a été habile. Au croisement de
deux rues, il a disparu soudain sans que je
m'en rende compte. Bref, je l'ai perdu.

Je ne peux pas penser à autre chose. J'aurais
besoin de quelqu'un avec qui discuter de la
situation. Devrais-je prévenir la police ? le
proviseur ? Mais au nom de quoi ? Je n'ai
aucune preuve.

Dans la soirée, je me décide à téléphoner à
l'ami François. Je le connais depuis toujours.
Quand l'un de nous a un ennui sérieux, l'autre
arrive aussitôt. Il est prof' lui aussi. Il enseigne
à l'autre bout de la France, à Strasbourg.

Je lui raconte l'histoire. Il sent tout de suite
que je suis inquiet et il comprend en une
seconde que l'affaire est grave pour moi.

« Il n'y a qu'une solution, dit-il. Tu l'es-
pionnes, tu te renseignes. Essaie de savoir s'il
a une femme, une maîtresse. Il faut aller vite.
Tu me rappelles demain soir ?

— Tes conseils sont des ordres, mais concrè-
tement, je m'y prends comment ?

— Cherche ! Non, trouve ! »

Et il a raccroché.

J'y ai passé la fin de la journée, une partie

de la nuit. Le lendemain soir, c'est François
qui m'a rappelé.

« L'enquête a avancé ?

— J'ai trouvé son adresse et je l'ai guetté à
la tombée du jour.

— On a dû te voir. Le soir, il n'y a plus un
chat dans ces bleds, non ?

— Exact. Mais je m'en fiche. Il est sorti vers
dix heures. Je l'ai suivi. Il est entré dans un
cabaret minable de la vieille ville.

— Merde. Il drague ?

— Non, il s'est assis, seul, à une table, l'air
sinistre devant une bouteille de champagne.
C'est une boîte où l'on trouve aussi bien les
voyous que les bourgeois.

— Classique. Il t'a vu ?

— Immédiatement. Nous étions les seuls clients
à ne pas être accompagnés.

— Ensuite ?

— Il est resté là à fumer et à boire du
champagne jusqu'à deux heures du matin.
Tout à coup, il s'est levé et il est rentré chez
lui.

— Et puis ?

— Je suis rentré aussi et à sept heures, ce
matin, j'ai repris ma surveillance. Il est allé
directement chez les flics, au commissariat
central. Il y est resté une heure. Puis il est
allé au lycée.

— C'est tout ?

— C'est tout.

— Demain, il faut absolument que tu parles au proviseur.

— C'est ce que j'avais prévu.

— Tiens-moi au courant. Si ça devient dangereux, laisse tomber. »

Le lendemain, la journée s'annonçait bien. J'ai fait de bons cours. Les élèves donnaient l'impression d'être heureux. J'ai travaillé dans la salle des professeurs, comme d'habitude. Au moment où je sortais, la même voix, en train de téléphoner, m'a stoppé net.

« Finalement, j'ai choisi une autre solution. Je l'ai étouffée, cette garce.

— ...

— Bien sûr, c'était faisable. Mais je ne voulais pas qu'elle souffre inutilement. Je ne la supportais plus, mais ce n'est pas une raison.

— ...

— Au fond, cela me fait toujours quelque chose de tuer une femme... Écoute bien : toi, maintenant, tu dois faire disparaître le cadavre. Par un moyen classique.

— ...

— Ça m'est égal. Moi, j'ai rempli mon contrat. On a décidé de la zigouiller, c'est fait. A toi de jouer. La dernière fois, tu t'es très bien débrouillé, mais si tu préfères, on inversera les rôles pour la suivante : à toi le meurtre, à moi le cadavre. »

J'étais atterré. Debout dans le couloir, je tremblais de la tête aux pieds. J'ai alors aperçu le proviseur qui se dirigeait vers moi.

« Monsieur Bonhomme, ça ne va pas ?

— Je ne sais pas, monsieur le proviseur, c'est, enfin, je... »

Je ne pouvais plus parler. Il m'a invité à le suivre dans son bureau et là, je lui ai tout raconté. Il m'a écouté sans m'interrompre et à la fin, il m'a assommé doucement.

« Je suis désolé, j'aurais dû vous prévenir. La vérité que vous cherchez est simple : notre collègue Michelet est, en réalité, Mahé.

— Je ne comprends pas.

— Vous ne connaissez pas Karikal-et-Mahé ?

— Si, bien sûr, comme tout le monde.

— Eh bien, Mahé, c'est M. Michelet. Malgré l'énorme succès des romans qu'il écrit avec son partenaire, notre collègue a souhaité continuer d'exercer son métier d'enseignant. Comme Karikal n'habite pas ici, ils se servent du téléphone pour construire leurs intrigues.

— La femme assassinée, c'est donc un personnage du prochain roman de Karikal-et-Mahé ?

— C'est très vraisemblable, car je ne vois pas M. Michelet tuer une femme.

— Et les flics ? Je l'ai vu ce matin.

— C'est pour se tenir au courant des techniques policières. Quant à ses activités nocturnes, il observe des situations, des individus qui prendront place dans ses livres. »

J'ai raconté le tout à François, ce soir au téléphone. Après un instant de silence, il est parti d'un rire qui ne pouvait pas s'arrêter. J'ai commencé par être vexé, puis je me suis laissé emporter, moi aussi. Nous riions tous les deux à perdre haleine, et nous avons raccroché ensemble.

En début de soirée, je suis retourné à la boîte où j'avais vu Michelet deux jours plus tôt.

« Me permettriez-vous de vous offrir le champagne et de partager votre table, monsieur Mahé ?

— Bien sûr, dit-il en souriant. Asseyez-vous. Ce sera plus agréable qu'avant-hier soir.

— Que pensiez-vous en me voyant vous guetter ?

— Que vous devriez lire moins de romans policiers. »

Faire sauter la banque

Je suis né dans cette ville. Je ne l'ai jamais quittée depuis trente-trois ans. Elle me convient. Environ deux cent mille habitants, la mer, du soleil pendant cinq mois, pluie et vent le reste du temps, c'est tout ce que j'aime. J'ai trouvé, dès le début, un travail qui me plaît, à la bibliothèque municipale. Je m'occupe des manuscrits anciens. J'organise moi-même mon horaire. Je suis tranquille, et je n'ai aucun souci pour l'avenir.

Tous les matins, depuis plus de quinze ans, je viens passer une heure au *Parisien.* C'est un café tranquille qui s'ouvre en terrasse sur une petite place plantée de platanes. On aperçoit la mer, au bout de la ruelle, entre deux maisons

basses. En face, il y a la banque. Une vieille
fontaine, une boulangerie-pâtisserie, une librai-
rie, j'ai ici l'essentiel. Des pigeons marchent
sur la place toute la journée, supportant les
moineaux et surveillant les chats.

Au *Parisien*, je prends mon petit déjeuner :
café noir, croissants et brioches, parfois tartines
beurrées. Je lis mes journaux : le quotidien
local, un quotidien national, et un journal de
sports. Je m'assois toujours à la même table :
en été elle est installée dehors, en hiver, sans
avoir changé de position, elle se trouve au
bord de la baie vitrée. Dès que je lève la tête,
mon regard rencontre la banque, les employés
qui y viennent prendre leur travail, les premiers
clients qui y entrent ou en sortent.

L'idée de dévaliser la banque [1] m'est venue
un matin, il y a plus de quatre ans. J'en ai
souri d'abord. Puis j'y ai repensé avec amu-
sement. Puis je me suis pris au jeu. Puis j'ai
commencé à faire des plans, pour me distraire.
Enfin j'ai travaillé sérieusement et je me suis
décidé à passer à l'action.

Je n'étais pas pressé. Quand j'ai été sûr de
moi, c'est-à-dire que je voulais vraiment attaquer

---

1. **Dévaliser la banque :** cambrioler, voler l'argent, les valeurs
déposés à la banque.

la *Franco-française* (comme on dit ici pour nommer la banque), j'ai mis en place toute une organisation minutieuse. Je veux agir sans risque aucun. Il faut donc que je calcule le moindre détail.

Je me suis acheté, par petits morceaux, un matériel photographique ultra-perfectionné et silencieux. Miniaturisé[1], bien entendu. Il se dissimule dans la monture de mes lunettes. Je vais souvent à la banque, en temps ordinaire : au guichet, dans la salle des coffres-forts, dans les bureaux administratifs où ont lieu les discussions privées. J'ai tout photographié, à différents moments de la journée, à plusieurs époques de l'année.

Chaque matin, en prenant mon petit déjeuner, j'ai observé les allées et venues. En rentrant à la maison ou au bureau, je notais minutieusement tout ce qui s'était passé. Et j'ai beaucoup parlé avec les employés de la banque. Je les connais tous depuis longtemps, et ils viennent souvent boire un petit café au *Parisien*.

Je ne leur ai posé qu'une question à la fois, et j'ai toujours laissé s'écouler au moins une quinzaine entre deux questions. Ils ne se sont

---

1. **Miniaturisé** : le matériel photographique est si petit qu'il peut être caché dans les lunettes.

aperçus de rien. D'ailleurs ils ne se méfient pas de moi et n'ont aucune raison pour cela. J'ai appris ainsi où se trouvent et comment fonctionnent les divers systèmes d'alarme : œil électronique, sonnerie, caméra de télévision, avertisseurs, etc. Ce fut la partie la plus difficile.

J'ai étudié dans le détail tous les horaires, les habitudes, les rythmes de travail. Sans en avoir l'air, je sais désormais qui vient à la *Franco-française*, quand, pourquoi, dans quel but, etc. Il m'a fallu trois ans pour mener à bien mon enquête, en ne négligeant rien, en essayant de penser à tout et de tout prévoir.

Aujourd'hui, je suis prêt. J'ai revu des centaines de fois mon plan. J'ai dessiné méticuleusement, sur une fiche, le trajet que j'aurai à effectuer à l'intérieur de la banque. Je ne m'en sépare jamais. J'y jette un coup d'œil de temps en temps pour mieux le fixer dans ma mémoire. A vrai dire, je n'en aurais plus besoin.

Chaque matin, depuis plusieurs mois, je m'arrête un moment sur la place en sortant du café. Je fais semblant de regarder les pigeons et de caresser Milou, le chien du *Parisien*. En réalité, j'observe la *Franco-française*. C'est une sorte de répétition pour moi, dans ma tête mais en vraie grandeur, avant de passer à l'action.

J'attaquerai demain, à neuf heures et demie. Juste après le petit déjeuner et les journaux. Après avoir étudié mille fois les photos, les notes prises, le plan, j'ai constaté qu'il n'y avait pas de meilleure heure. En plus, elle me convient parfaitement.

Le ciel est superbe, en ce début de matinée d'avril. Premières lueurs de l'été. Je sors du *Parisien* un peu avant neuf heures trente, comme d'habitude. Je n'ai pas fermé mon blouson, tant la température est douce. Je reste là, les mains derrière le dos, en me disant que demain à cette heure-là, il faudra y aller. Je suis dans la position du flâneur qui hume l'air. Je me représente les gestes que je ferai demain.

C'est alors que les choses ont commencé à déraper [1]. Je m'apprêtais à repartir vers la bibliothèque et je lançais un dernier regard à la banque quand deux hommes m'ont encadré comme si de rien n'était.

« Tu ne bouges pas, coco, tu fais ce qu'on te dit, sinon tu es un homme mort.

— Mais ...

— Le copain qui est derrière toi a un revolver dans sa poche, armé et dirigé vers ton dos. A quelques centimètres. »

---

1. **Déraper :** à mal aller.

Je n'avais pas peur, mais je me sentais
paralysé.

« Parle-nous comme si nous nous connais-
sions depuis longtemps et que nous venions
de nous rencontrer par hasard.

— Que voulez-vous que je vous dise ?

— Je m'en fous, minable. La question n'est
pas là. Dans trente secondes, tu vas avancer
vers la banque, avec nous.

— Pour quelle raison ?

— Tu verras. »

Et nous avons en effet franchi les quelques
mètres de la place. Nous avons monté les
quatre escaliers de pierre, comme de vieux
amis qui bavardent. J'avais l'impression de
regarder un film défilant au ralenti. Je me
sentais calme. Nous sommes entrés dans la
banque. Il n'y avait que trois clients, tournés
vers les guichets.

Dès la porte franchie, mes « accompagna-
teurs » m'ont passé les menottes et un masque,
posé le canon d'un revolver sur la nuque, et
mon voisin de droite a annoncé calmement.

« Que personne ne bouge ! C'est un hold-
up ! nous avons un otage [1]. Si vous faites un
seul geste, il sera immédiatement liquidé. »

---

1. **Un otage :** personne qui se trouve sur les lieux d'un attentat,
d'un hold-up et qui est gardée par les terroristes ou les bandits
pour garantir leurs réclamations ou leur permettre de fuir.

Il n'y a pas eu un bruit. Celui qui me tenait en joue me serrait de près et me coinçait les bras dans le dos. Les autres étaient partis. Je comprenais bien qu'ils vaquaient à leurs occupations, c'est-à-dire raflaient l'argent et les bijoux. J'étouffais sous ce masque, et, involontairement, j'ai émis une sorte de grognement. J'ai senti aussitôt le revolver s'enfoncer plus fortement dans mon cou et mes bras brutalement tordus.

« Du calme, coco. Tu as tout à y gagner. »

La plaisanterie durait un peu trop longtemps à mon goût. Tout à coup j'ai compris que l'affaire se terminait : mon garde du corps avait relâché quelque peu sa pression.

« Tu lui ligotes les pieds, on va lui entraver les bras et on se tire [1]. »

Ils m'ont jeté au sol comme un paquet. Personne n'avait bougé ni dit un mot. Il y a eu un bruit doux de porte vitrée qui s'ouvre et se ferme. Aussitôt une grande agitation s'est emparée de la banque : cris, vociférations, rires soulagés même, brouhaha des conversations. Je ne pouvais pas bouger. Le masque me serrait tellement qu'il m'était également impossible de hurler.

---

1. **On se tire** *(familier)* : on se sauve.

Il a fallu de longues minutes, m'a-t-il semblé, pour qu'ils s'occupent de moi et me délivrent. En réalité, je m'en suis aperçu après, mon attente n'avait duré que quelques secondes. Les employés s'étaient précipités sur moi.

« Ho ! Ludovic, tu n'as pas de mal ? Qu'est-ce qui s'est passé ?

— Je ne sais pas. »

Effectivement, je n'y comprenais rien. Ces types qui, soit-disant, me prennent en otage puis m'abandonnent, que voulaient-ils ?

On m'enlève les liens. Les flics [1] sont déjà là, et me délivrent des menottes qui me coincent les poignets. Je m'aperçois alors qu'ils est moins de dix heures.

« Il faut que vous veniez tous au commissariat, dit le chef des policiers, nous avons besoin de vos témoignages. »

Protestations excitées, comme chez ceux qui ont échappé de justesse à un danger.

« Un café d'abord, crie la caissière. On l'a bien mérité.

— Bon, dit le flic. Allons-y. Mais en vitesse. »

On entre au *Parisien*. Je commande un café et un cognac, et, en attendant, je commence à trembler comme une feuille. Le patron s'apitoie.

---

1. Les flics (*familier*) : les policiers.

« Tu as reçu un choc. Le cognac va te faire du bien. »

La banque est fermée, pleine de policiers. La petite place est couverte de badauds qui attendent on ne sait quoi. Je récupère[1] lentement.

« Raconte un peu, Ludovic, dit le patron. Tu as été aux premières loges.

— Tu parles, s'esclaffe la caissière, ils lui ont tout de suite fourré la tête sous un masque. Tu n'as rien vu, hé, Ludovic ?

— Non. J'étouffais là-dessous, dans le noir. Je n'entendais pas non plus les bruits. Et puis j'avais peur.

— Hou là ! nous aussi. J'aurais préféré être à ta place. Ils avaient l'air de bien te connaître puisque tu es entré avec eux. »

Je ris pour la première fois.

« C'est pourtant vrai, dit le patron, ils sont venus te parler dès que tu es parti d'ici. Comme des amis à toi.

— Cessez vos plaisanteries. Je ne les trouve pas drôles.

— D'accord, mais explique-nous de quoi vous avez discuté. Ils t'ont demandé quelque chose. Je t'ai vu leur répondre.

— Ils m'ont menacé avec un revolver. »

---

1. **Récupérer :** reprendre ses forces.

Ils se sont mis à rire tous à la fois. Ils ont déjà oublié l'attaque de la banque. Le patron se moque gentiment de moi.

« Il devait être minuscule, le revolver, parce que je n'ai rien vu, et pourtant je vous ai bien regardés.

— Je ne l'ai pas vu non plus, il était dans mon dos. »

Ils éclatent de rire à nouveau.

« Ça t'apprendra, dit le patron, à te planter dix minutes devant la banque, chaque matin, en sortant du bar. Tu ne le faisais pas autrefois. Mais depuis quelques mois, c'est devenu comme une manie [1]. »

Il s'en est aperçu, ce vieux singe. Attention.

« Tu crois ? J'ai l'impression d'avoir toujours pris l'air pendant quelques instants, en sortant de ton boui-boui [2].

— Oh non, intervient alors un des employés de la *Franco-française*, il n'y a pas longtemps que vous avez commencé. On l'avait bien remarqué, nous à la banque. On a même parfois cru que vous nous espionniez. »

---

1. **Manie :** habitude bizarre, ridicule dont on se moque ou s'étonne.
2. **Boui-boui :** café, restaurant de mauvaise qualité. Ici, « boui-boui » est employé comme une injure pour le patron du *Parisien*.

Que racontent-ils, tous ces crétins ? Ils me surveillent, ma parole.

« Je ne savais pas que ma vie vous intéressait à ce point-là.

— Ne te fâche pas, Ludovic, dit la caissière. On plaisante. Et puis moi j'espionne tes fredaines [1] depuis longtemps. »

Elle est brune et potelée, et elle n'a pas les yeux dans sa poche, la mignonne. Elle m'a plusieurs fois fait des avances, comme à tout le monde sans doute. Mais je me méfie, elle serait capable de vouloir m'épouser. Elle mériterait bien le détour [2]. Seulement un détour.

Il est temps de rejoindre la banque. Les flics vont commencer à s'impatienter. Je téléphone à la bibliothèque que je ne viendrai pas travailler ce matin. Tous les témoins sont interrogés rapidement. Pour moi, c'est évidemment plus long.

« Il faudra venir faire une déposition au commissariat même, me dit le chef. Vous êtes notre atout [3] numéro un, vous comprenez.

— Bien sûr.

— Cet après-midi, ça irait ? »

---

1. **Fredaines :** écart de conduite sans gravité. Aventures.
2. **Elle mériterait le détour** *(familier)* : elle vaudrait la peine qu'on s'intéresse à elle, mais pour une courte durée.
3. **Atout :** notre meilleure carte.

Ce ne fut qu'une formalité. Finalement, je ne pouvais pas les aider beaucoup. J'avais été tellement surpris que je n'avais rien remarqué d'intéressant.

Je suis rentré très tôt chez moi. Je me sentais épuisé. Je n'en revenais pas. Juste au moment où tout était prêt, je me fais cravater [1] par une bande d'ahuris. C'est cuit [2], maintenant. Il ne me reste plus qu'à attendre des jours meilleurs, qui ne viendront peut-être jamais. Bien la peine d'avoir tant travaillé.

Les radios et les télévisions, le soir, ne parlent que du « casse de la banque Franco-française ». En moins de dix minutes, les voleurs ont embarqué un milliard de francs. Un magot absolument fabuleux. Ils devaient avoir des complicités à l'intérieur même de l'établissement, au plus haut niveau, parce que cet argent n'était là que pour un passage ultra-rapide : il avait été apporté le matin même à huit heures et il était prévu qu'il quitte la banque à midi. Les bandits étaient merveilleusement renseignés. On a totalement perdu leur trace. C'est la première fois, en outre, que l'on assiste à un braquage [3] de cette sorte : prendre un otage à

1. **Se faire cravater** (*familier*) : se faire prendre.
2. **C'est cuit** (*familier*) : c'est fini, c'est fichu.
3. **Braquage** (*familier*) : une attaque avec des armes.

l'entrée de l'établissement et se servir de lui comme moyen de chantage. La police est très intriguée par cette nouvelle technique, que l'on comprend mal, et qui pourrait constituer la « signature » même d'un gang encore inconnu.

Je suis couvert de sueur. Ces informations m'inquiètent. Les flics, cet après-midi, ne m'ont pas indiqué le montant du vol ni signalé que cette énorme somme d'argent ne devait passer là que quelques petites heures. Bizarre. Ont-ils cherché à me mener en bateau [1] ?

La technique de la prise d'otage me trouble encore davantage. Mais de la part des truands, cette fois. M'ont-ils choisi au hasard ? M'ont-ils repéré peu à peu, en observant les alentours comme je le faisais moi-même ? Ce serait plutôt cocasse. Pendant que je regardais tout, d'autres yeux me regardaient sans que je les voie.

C'est incroyable, quand on y pense. Je calcule pendant des années, je monte une opération précise comme une horloge, je mets en place des moyens extrêmement raffinés pour bloquer le système d'alarme. Au dernier moment, je suis doublé par des inconnus, et, en plus, ceux-ci se servent de moi avant que j'aie pu me rendre compte de quoi que ce soit.

---

1. **Mener en bateau :** tromper.

Bon. N'en parlons plus. Il me reste à ranger soigneusement tous mes documents. Photos, plans, notes, fascicules d'information, je regroupe cela dans des dossiers, des fichiers, des tiroirs. J'aurai des souvenirs pour ma vieillesse. Je souris moi-même en mettant de l'ordre dans ces archives qui amuseront mes héritiers.

Au total, c'est sans doute mieux comme ça. Je me demande si je suis fait pour être casseur de banques. Une fois que tout avait été analysé, étudié, décortiqué, prévu, cela m'intéressait déjà moins. L'action est beaucoup moins excitante que l'imagination.

J'ai bien dormi. Je n'ai pas rêvé. Je me suis levé à sept heures comme chaque jour. Les radios, de nouveau, ne parlaient que du braquage. Selon elles, la police était perplexe : comment les truands s'y étaient-ils pris pour que les multiples systèmes d'alarme ne fonctionnent pas ? Bref, à vrai dire, maintenant, je m'en fous [1].

A huit heures juste, on a sonné à la porte. J'allais partir pour le *Parisien*. Je me sentais en pleine forme. L'odeur de la mer venait jusqu'à l'appartement, c'était signe de beau temps pour une longue durée. Les merles avaient commencé à chanter bien avant que je ne me lève. Le

1. Je m'en fous *(familier)* : je m'en moque. Ça m'est égal.

cap France était noyé dans la brume. Les magnolias du jardin semblaient décidés à tout envahir. La chatte Marie-Lou avait passé la nuit dehors.

J'avais à peine fini de déverrouiller que trois hommes ont poussé la porte et se sont précipités dans l'appartement. Ils m'ont presque bousculé. J'étais sur le point de protester quand j'ai reconnu le commissaire. Il brandissait un papier.

« Lisez », me dit-il.

C'était un mandat de perquisition.

« Puis-je, malgré tout, vous demander une explication ?

— Dénonciation », prononça-t-il simplement.

Je n'en revenais pas. Le gag continuait et je commençais à ne plus le trouver amusant.

« Qui ?

— On vous le précisera plus tard. Je vous signale en outre que, désormais, tout ce que vous direz pourra être retenu contre vous. »

Je me suis tu. Ils ont fouillé partout. Ils ne savaient manifestement pas ce qu'ils cherchaient. Je n'ai qu'un petit appartement, même s'il est dans un grand désordre : ils ont vite mis la main sur les archives que j'avais si soigneusement classées et rangées hier soir. Dès que le jeune flic les a montrées au commissaire, celui-ci s'est véritablement épanoui.

J'ai pris peur aussitôt. Quand un chef flic
manifeste ainsi sa satisfaction, c'est qu'il espère
pouvoir se faire mousser [1]. Il se voyait, je le
voyais, devant les caméras, les micros, les
stylos, devant les dames des salons et devant
ses supérieurs. Sa carrière était en train de se
construire sous mes yeux. Il m'a tapé sur
l'épaule, presque affectueusement.

« Allez, viens, dit-il, on y va. »

Ce tutoiement m'a indiqué que la situation
était encore plus grave que je le croyais. Le
jeune flic m'a passé les menottes, sans un mot.
Nous avons quitté l'appartement. Au moment
de fermer la porte, le commissaire à découvert
Marie-Lou qui rentrait.

« C'est ton chat ?

— Chatte.

— Qui s'en occupera en ton absence ?

— Vous comptez me garder longtemps ? »

Ils ont éclaté de rire, tous les trois, et j'en
ai été humilié. Terrifié aussi.

« Il faut prévenir quelqu'un, dit le commissaire.

— Je vais téléphoner à ma mère pour le chat,
les plantes, et le courrier.

---

1. **Se faire mousser** : se faire valoir auprès de ses supérieurs, se
vanter.

— Tu le feras depuis le commissariat. »

Nous sommes partis. Le panier à salade [1] a longé le bord de la mer. Beaucoup de petits voiliers étaient sortis. J'ai trouvé les locaux de la police noirs, crasseux, imbibés d'une odeur qu'on n'oublie pas et qui vous coupe le moral. L'interrogatoire a commencé presque aussitôt. Je n'avais rien mangé. J'avais envie de fumer.

Le commissaire s'y est mis lui-même, d'abord.

« Le plus simple serait que tu me racontes tout depuis le début. On gagnerait un temps précieux, toi et moi.

— Mais tout quoi ?

— Tu choisis de faire le malin. C'est ton problème. J'y consacrerai le nombre de jours, de semaines, de mois, d'années, de siècles qu'il faudra, mais je t'aurai. »

Je me rendais compte que j'étais dans de sales draps [2], mais je n'avais pas peur. Je savais bien que je ne risquais rien. Je n'avais rien fait. L'intention de cambrioler une banque, tant qu'on n'est pas passé à l'action, ce n'est pas un délit. Simplement, je trouvais la situation

---

1. **Panier à salade** (*familier*) : voiture de police pour le transport des personnes arrêtées.
2. **Etre dans de sales draps** (*familier*) : se trouver dans une situation difficile.

idiote et désagréable. J'allais gaspiller des heures
à m'expliquer et à leur prouver que j'étais
hors du coup.

Je n'ai pas pensé une seconde à demander
un avocat. J'ai juste téléphoné à maman, qui
me croyait devenu fou, je l'ai senti au son de
sa voix.

« Je ne vois pas ce que vous attendez de
moi, monsieur le commissaire.

— Pas de cinéma, dit-il. Raconte. Point à la
ligne. »

Je me suis repris en main, brusquement,
rebellé.

« Vous débarquez chez moi à l'aube, vous
fouillez mon appartement, vous me mettez les
menottes, vous m'arrêtez, vous m'enfermez ici.
Tout cela sans un seul mot d'explication. Alors
fichez-moi la paix ou dites-moi clairement à
quoi l'on joue. Et cessez de me tutoyer. D'abord,
qui m'a dénoncé, puisque vous m'avez parlé
de dénonciation ?

— Coup de téléphone anonyme, hier soir. Ici.
A 22 heures 10. Content ?

— De quoi était-il question, dans ce coup de
téléphone ?

— De votre rôle dans le braquage d'hier. C'était
l'un de vos complices, l'un de ceux après
lesquels nous courons en vain, depuis hier. »

Là, j'ai été renversé. Le commissaire s'en est

rendu compte, mais il a cru que je jouais la comédie.

« Ne recommence pas à faire le malin. Notre mystérieux correspondant, comme diront les journaux, nous a bien expliqué votre rôle. Vous êtes le cerveau de l'affaire, l'organisateur. Nous en avons trouvé la preuve ce matin chez vous.

— Ça ne tient pas debout.

— A toi de le prouver. »

Il passait sans cesse du « tu » au « vous ». Il voyait que je perdais pied, et cherchait à m'enfoncer. Il me prenait pour un gros gibier [1], c'était mon seul avantage.

« Si j'étais le chef du gang, pourquoi m'aurait-on ligoté, enfermé sous un masque, abandonné au milieu de la banque en partant ?

— Mais, mon cher, la raison en est simple comme bonjour. Tes acolytes t'ont doublé [2]. Ils t'ont laissé tout organiser, et, une fois le coup terminé, ils t'ont mis dans le pétrin [3]. Ils n'avaient plus besoin de toi. J'ai vu ça mille fois.

— A moi de rire. Comment pouvez-vous penser

1. **Gros gibier :** le responsable du braquage. La personne la plus importante dans le cambriolage de la banque.
2. **Tes acolytes t'ont doublé** (*familier*) : tes complices, les autres membres du gang t'ont trahi.
3. **Mis dans le pétrin** (*familier*) : mis dans une situation dangereuse dont il sera difficile de sortir.

qu'un cerveau capable de monter une opération pareille serait assez débile pour tomber dans un piège aussi grossier ? Je le répète, ça n'a ni queue ni tête [1].

— Et les plans ?

— Quels plans ?

— Tout ce que vous avez si méticuleusement conservé : les photos de la banque, les parcours dessinés sur des fiches, les schémas, les croquis des circuits de sécurité. »

Il feuilletait mes dossiers, me regardait.

« J'attends.

— Je suis libre de classer des documents chez moi.

— Que vouliez-vous en faire ?

— Un livre.

— Romancier hein ? Il faudra trouver mieux.

— Je ne dirai plus rien. »

Il sourit en s'étirant dans son fauteuil. Son bureau était surencombré de papiers. Il me tendit une cigarette, gitane internationale.

« C'est ton dernier mot ? »

Je ne répondis pas. Il appela un inspecteur. Je me suis retrouvé dans une petite pièce sombre, seul. En quelques heures, j'ai été inculpé, transféré à la prison centrale. Je n'ai

---

1. Ça n'a ni queue ni tête : ça n'a pas de sens.

même pas protesté contre les irrégularités de la procédure. J'avais complètement perdu les pédales [1].

Les mois ont passé : les casseurs de la *Franco-française* s'étaient volatilisés. Toutes les apparences étaient contre moi. Je n'ai reçu aucune visite à la prison, sauf celles de ma mère, chaque semaine. Elle ne comprenait rien à ce qui arrivait, la pauvre vieille. Elle aussi me croyait coupable. Même mon avocat pensait que j'étais mouillé jusqu'aux oreilles. De temps en temps, on me conduisait dans le bureau du juge.

Très jeune homme à petites lunettes, costume de tweed, doigts jaunis par les cigarettes, il menait son instruction en partant du principe que j'étais l'auteur principal du hold-up. Je lui répétais à chaque fois que je n'y étais pour rien. Nous en revenions toujours aux mêmes points.

« Pourquoi aviez-vous rassemblé toute cette documentation ?

— C'est pour mon roman.

— Policier ? », demandait-il en souriant.

Il décortiquait le dossier, avec une grande honnêteté, m'a-t-il semblé, mais en s'appuyant

---

1. **Perdre les pédales** *(familier)* : perdre le contrôle de soi, s'embrouiller, être incapable de raisonner.

sur une hypothèse fausse. Il ne pouvait qu'arriver à une conclusion erronée [1]. Je ne parvenais pas à lui faire croire ce que je lui disais.

« Les employés de la banque, le patron du *Parisien*, affirment tous que vous surveilliez la *Franco-française* depuis plusieurs mois.

— C'est faux, mais je ne peux évidemment pas le démontrer. Comment prouver ce qu'on a réellement dans la tête ?

— Cela signifie au moins qu'ils vous croient capable de commettre un acte de cette nature. Or ils vous connaissent bien, depuis des années.

— Soit. Il ne suffit pas de regarder une banque tous les matins pour être coupable de l'avoir cambriolée.

— Certes. Il n'empêche que les casseurs ont utilisé exactement les techniques que vous décrivez dans vos papiers. »

C'était cela l'élément le plus embêtant de mon dossier. Pour annihiler [2] les systèmes d'alarme, ils avaient employé exactement les moyens que j'avais imaginés. A mon avis, il n'y a rien là d'étonnant.

« Étant donnée la manière dont sont conçus

---

1. **Erronée** : du mot erreur, inexacte.
2. **Annihiler** : supprimer, annuler.

les systèmes de sécurité de cette banque, il
existe une seule possibilité de les bloquer tous
à la fois sans donner l'alerte aussitôt à
l'extérieur. Il est donc normal que les truands
aient procédé de la même manière que moi :
c'est simplement qu'il n'existe pas d'autre
solution. »

Le petit juge se taisait, pensif. L'argument le
touchait, je le voyais bien, mais il ne constituait
pas à ses yeux une démonstration. Il revenait
inlassablement au nœud du problème, et
m'interrogeait pour la centième fois à ce sujet.

« Admettons que les truands ne vous connaissaient pas. Comment expliquez-vous que ce soit
vous, justement, qu'ils aient pris en otage ?

— Je ne l'explique pas, justement.

— Et pourquoi les avez-vous suivis ?

— Impossible de faire autrement.

— Vous avez parlé avec eux. On vous a vu.

— J'essayais de sauver ma peau, figurez-vous. »

Le juge essuyait ses lunettes, allumait une
nouvelle cigarette, regardait sans la voir une
reproduction de Cézanne accrochée au mur. Il
me renvoyait dans ma cellule.

Il avait interrogé ma mère aussi, à plusieurs
reprises. Sur mes goûts, mon passé, mon
enfance, mes amours même, et mes habitudes.
Elle se tenait chez elle maintenant. Elle avait
honte, peur des voisins, et des cancans, de ce

qu'on disait derrière son dos. Elle m'aimait
encore bien sûr, comme avant et comme
toujours ; mais, en même temps, elle me prenait
en pitié, petit garçon merveilleux devenu fils
monstrueux, détraqué. Je le lisais dans ses yeux
mouillés.

Marie-Lou seule lui tenait compagnie. Elle
m'avait oublié elle aussi, sans doute. Je me
demandais ce que je ferais une fois sorti de
prison. Il n'était évidemment pas question que
je reprenne mon poste à la bibliothèque.
Personne ne me croyait innocent. Il faudrait
certainement partir. Revenir dans vingt ans.

Le butin avait disparu comme les voleurs.
L'argent avait dû être « lavé [1] » par les moyens
classiques dans le monde des truands. De temps
en temps, la presse y consacrait un article ou
un bulletin d'information, sur le mode inter-
rogatif.

Treize mois après les événements, le procès
eut enfin lieu. J'étais le seul accusé. Il y avait
un monde fou. Les témoins m'ont tous chargé,
sauf le directeur de la bibliothèque, dont j'avais
toujours pensé pourtant qu'il me détestait. Le
bistro, les employés de la banque, ont insisté
sur mon caractère renfermé. La caissière, coiffée

---

1. **Lavé (ou blanchir)** : réinvestir dans des opérations apparemment honnêtes, l'argent gagné dans des affaires louches.

de frais, pomponnée, toutes voiles dehors, a raconté d'un air mutin que je la draguais [1]. Visiblement le président du tribunal, en la regardant, considérait que j'avais raison, mais que je n'étais pas digne d'un tel gibier [2].

Le directeur de la bibliothèque a souligné mes qualités d'organisation et de méticulosité. C'était à double tranchant, et le procureur ne s'y est pas trompé. Pour lui ce casse était l'œuvre d'un grand organisateur, et j'en présentais toutes les qualités, « comme l'a dit M. le Directeur de la bibliothèque municipale ». Il n'empêche que le directeur, très calme, avait indiqué fermement que, s'il y était autorisé, il me reprendrait volontiers dans son service dès que je serais libre.

Les questions que l'on m'a posées ont été celles que l'on pouvait prévoir. Le centre était toujours le même : comment expliquer que les casseurs aient choisi comme otage justement quelqu'un qui connaissait à fond la banque ? Comment justifier qu'ils aient procédé exactement comme je l'indiquais dans mes notes ? Je n'avais qu'une réponse.

1. **Draguer :** aborder, poursuivre quelqu'un dans l'espoir d'une aventure amoureuse.
2. **Gibier :** n'a pas le même sens que p. 55. Ici, personne intéressante (à draguer).

« C'est un hasard, monsieur le Président, une coïncidence, une malchance pour moi. »

Les jurés, dans l'ensemble, paraissaient réagir favorablement à ce que je disais. Ils possédaient tous, dans leur vie personnelle, de nombreux exemples de coïncidences de ce genre, dont ils avaient été victimes et dont ils avaient failli pâtir.

Mon avocat n'a développé qu'une idée, qu'il m'avait répétée souvent : si je faisais partie du gang, et si j'en étais le chef, comment expliquer qu'on m'ait abandonné, bâillonné, sur place et en prison ? A mon avis, ce n'était pas tellement astucieux : le tribunal se disait en effet que, pour une fortune pareille, ça valait le coup de passer quelque temps à l'ombre si l'on en ressort ensuite blanc comme neige. On peut se retrouver ainsi, en quelques mois, dans un quelconque paradis de milliardaires dont ils rêvaient tous, à couler des jours mirifiques dans le luxe, les plaisirs, et l'insouciance. Fantasmes quotidiens. Les jurés m'en voulaient un peu de ma richesse, m'a-t-il semblé ; ils s'imaginaient à ma place.

Bref, cela s'est plutôt bien passé. Ma mère est restée présente du début à la fin, sans bouger sous son fichu noir, les mains croisées immobiles sur sa robe grise, qu'elle sortait rarement et qui sentait la naphtaline. Je suis optimiste désormais, et j'attends avec confiance le verdict.

Les premières dépêches de presse ont été, comme toujours, très brèves : « Ludovic Dupont, principal inculpé du hold-up dit « casse du siècle », a été condamné à vingt-cinq ans de prison ferme, c'est-à-dire la peine maximum ».

Table

IMPRIMÉ EN FRANCE PAR BRODARD ET TAUPIN
58, rue Jean Bleuzen - Vanves.
Usine de La Flèche, le 05-08-1986.
6524-5 - Dépôt légal n° 2259.8.1986 - Collection n° 05 - Edition n° 01
15/4691/0